BEATE MARI JAHN

JAPA

FOTOGRAFIE: JULIA HOERSCH, AUEN60 PHOTOGRAPHY

INHALT

*Öffnen Sie die Klappen dieses Buches.
Dort finden Sie die wichtigsten Infos zum Thema auf einen Blick!*

DAS PRINZIP:
DIE JAPANISCHE
MAHLZEIT

DIE PERFEKTE
KOMBI

Immer griffbereit:

SO GEHT'S:
VORBEREITEN

Immer griffbereit:

SO GEHT'S:
SUSHI-REIS KOCHEN

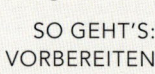

GU
CLOU

Wussten Sie schon, dass …?
Entdecken Sie bei einigen ausgewählten Rezepten ganz besondere Tipps mit verblüffendem Insiderwissen.
Aha-Momente garantiert!

 Mit diesem Symbol sind alle vegetarischen Gerichte gekennzeichnet.

 Sammeln Ihrer Lieblingsrezepte mit der »GU Kochen Plus«-App (siehe S. 64)

REZEPTKAPITEL

06 HAUPTGERICHTE

20 GROSSE & KLEINE BEILAGEN

34 REIS- & NUDELGERICHTE

50 SÜSSES & GEBÄCK

04   DIE AUTORIN
05   MISOSUPPE MIT 3 ZUTATEN
47   COVERREZEPT
60   REGISTER, ABKÜRZUNGSVERZEICHNIS
62   IMPRESSUM, LESERSERVICE, GARANTIE

BEATE MARI JAHNKE

Die gelernte Konditorin und Foodbloggerin mit japanischen Wurzeln lebte viele Jahre in Japan, wo sie die dortige Küche schätzen und lieben gelernt hat. Sie zeigt hier, dass man auch in Deutschland mit wenigen Zutaten authentisch japanisch kochen kann.

Was gefällt mir an Japans Küche?

Ich liebe es schlicht und einfach. Gleichzeitig möchte ich meine Familie und mich auch gesund und ausgewogen ernähren. Deshalb wird bei uns viel japanisch gekocht. Denn die Rezepte der japanischen Alltagsküche sind einfach in der Zubereitung, stets ein großer Genuss und zudem leicht und bekömmlich.

Was ist das Besondere an dieser Küche?

Eine japanische Mahlzeit spiegelt durch saisonale Zutaten und das verwendete Geschirr die jeweilige Jahreszeit wider. Sie besteht aus verschiedenen Zubereitungsmethoden, Geschmacksrichtungen und Farben. Der Eigengeschmack der Lebensmittel wird möglichst erhalten, höchstens verstärkt, aber nie überdeckt. Gewürze werden sparsam eingesetzt und der Reis, Japans Grundnahrungsmittel, bleibt ungesalzen. Wichtig ist die Präsentation der Speisen. Jedes Gericht wird einzeln auf passendem Geschirr kunstvoll angerichtet, und alle Gerichte werden auf einmal gedeckt – auch die Suppe. Ein Nachtisch ist unüblich. Süßes verzehrt man eher nachmittags.

Was möchte ich Ihnen hier zeigen?

Ich habe Gerichte zusammengestellt, wie sie in japanischen Haushalten gekocht werden und wie man sie ohne Probleme auch hierzulande zubereiten kann. Die verschiedenen Speisen können Sie nach Belieben alle zusammen auf einem Teller anrichten oder sich nur auf ein Hauptgericht beschränken. Sie werden merken, es braucht nicht viel, um japanisch zu kochen.

MISOSUPPE MIT 3 ZUTATEN

1 Frühlingszwiebel putzen, waschen und in feine Ringe schneiden.

60 g Misopaste (hell oder dunkel) in eine Schüssel geben.

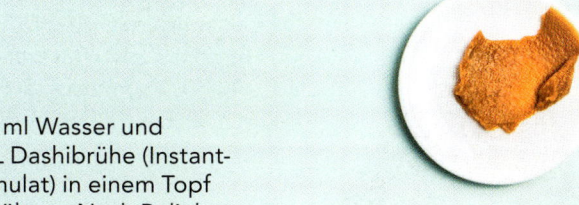

700 ml Wasser und 2 TL Dashibrühe (Instantgranulat) in einem Topf verrühren. Nach Belieben noch 100 g in kleine Würfel geschnittenen Tofu zugeben. Die Brühe aufkochen lassen, dann den Herd ausschalten.

Die Misopaste mit etwas heißer Brühe glatt rühren und diese Mischung zur restlichen Brühe in den Topf gießen. Die Brühe wieder erhitzen, jedoch nicht kochen lassen, sonst leidet das Aroma. Die Frühlingszwiebel zufügen und die Suppe als Teil der japanischen Mahlzeit servieren. Reicht für 4 Personen.

HAUPTGERICHTE

08 JAPAN-KROKETTEN »KOROKKE«

10 SCHWEINEFLEISCH MIT INGWER

11 KARTOFFEL-RINDFLEISCH-EINTOPF

12 TERIYAKI-FLEISCHBÄLLCHEN

13 HÄHNCHEN »KARAAGE«

14 GEKOCHTE SCHOLLE

15 GEGRILLTER LACHS MIT YUZU

16 GEMÜSE-TEMPURA

18 PFANNKUCHEN »OKONOMIYAKI«

19 TOFU-SESAM-SCHNITZEL

Für 4 Personen • 45 Min. Zubereitung • Pro Portion ca. 470 kcal, 21 g E, 22 g F, 47 g KH

JAPAN-KROKETTEN »KOROKKE«

FÜR KINDER

FÜR DIE KROKETTEN
500 g mehligkochende Kartoffeln
Salz
1 Zwiebel
1 EL Butter
200 g Rinderhackfleisch
Pfeffer
500 ml Rapsöl

FÜR DIE PANADE
4 EL Mehl
100 g Panko (jap. Semmelbrösel, Asienladen)
1 Ei (L)

FÜR DIE BEILAGE
6 Weißkohlblätter
4 EL Tonkatsu-Sauce (Asienladen)

AUSSERDEM
Wok

KROKETTEN: Kartoffeln schälen, waschen und vierteln. In einem Topf mit Wasser bedecken, ½ TL Salz zugeben und zugedeckt bei mittlerer Hitze in ca. 20 Min. weich kochen.

Inzwischen die Zwiebel schälen und fein würfeln. Butter in einer Pfanne erhitzen und die Zwiebel darin bei schwacher Hitze in ca. 5 Min. glasig dünsten. Hackfleisch zugeben und bei mittlerer Hitze in ca. 5 Min. krümelig braten. Mit Salz und Pfeffer würzen. Die Kartoffeln abgießen und bei schwacher Hitze 1–2 Min. ausdampfen lassen. Dabei mit einem Kartoffelstampfer zerdrücken. Das Hackfleisch untermischen und die Masse abkühlen lassen. Die Handflächen einölen und aus der Kartoffelmasse acht Kroketten formen.

PANADE: Mehl und Panko getrennt auf zwei Teller geben. Das Ei in einem tiefen Teller verquirlen. Die Kroketten zuerst in Mehl, dann in Ei und zuletzt in Panko wenden.

FERTIGSTELLEN: Das restliche Öl im Wok auf 170° erhitzen. Es ist heiß genug, wenn an einem hineingetauchten Holzstäbchen Bläschen aufsteigen. Je vier Kroketten ins heiße Öl legen und bei mittlerer Hitze in ca. 4 Min. rundum goldbraun frittieren. Auf Küchenpapier entfetten.

BEILAGE: Kohl waschen und den Strunk herausschneiden. Die Blätter aufeinanderlegen und in feine Streifen schneiden. Je zwei Kroketten auf einem Teller anrichten. Mit Kohl und Tonkatsu-Sauce als Teil der japanischen Mahlzeit servieren.

GU CLOU

Korokke sind ursprünglich europäischen Ursprungs und mittlerweile ein beliebter Bestandteil der japanischen Mahlzeit. Sie können aber auch mal komplett anders serviert werden – nämlich als Korokke-Burger. Dafür Kroketten, Weißkohl und Tonkatsu-Sauce in ein Burgerbrötchen schichten und aus der Hand genießen.

Für 4 Personen • 35 Min. Zubereitung • Pro Portion ca. 300 kcal, 24 g E, 13 g F, 13 g KH

SCHWEINEFLEISCH MIT INGWER

KLASSIKER

400 g Schweinerückensteak
1 Stück Ingwer (10 cm lang)
5 EL Sojasauce
4 EL Sake
2 EL Mirin
2 TL Zucker
2 Stangen Lauch
3 EL Rapsöl

1 Fleisch in dünne Scheiben schneiden, Ingwer schälen und fein reiben. 2 TL geriebenen Ingwer mit 2 EL Sojasauce und 2 EL Sake verrühren. Das Fleisch mit der Marinade verkneten und bei Raumtemperatur ca. 15 Min. ziehen lassen.

2 Inzwischen übrigen Ingwer, Sojasauce, Sake, Mirin und Zucker verrühren. Lauch putzen, waschen und schräg in dünne Scheiben schneiden. In einer Pfanne 1 EL Öl erhitzen und den Lauch darin bei starker Hitze ca. 3 Min. unter Rühren braten. Herausnehmen.

3 Das Fleisch aus der Marinade nehmen und mit Küchenpapier abtupfen. Das restliche Öl in der Pfanne erhitzen und das Fleisch darin bei starker Hitze ca. 2 Min. von beiden Seiten braten. Herausnehmen. Die Sauce in die Pfanne gießen und bei mittlerer Hitze ca. 1 Min. leicht einkochen lassen. Fleisch und Lauch untermischen und ca. 1 Min. garen. Als Teil der japanischen Mahlzeit servieren.

Für 4 Personen • 50 Min. Zubereitung • Pro Portion ca. 240 kcal, 13 g E, 11 g F, 21 g KH

KARTOFFEL-RINDFLEISCH-EINTOPF
KLASSIKER

500 g vorwiegend festkochende Kartoffeln
1 Zwiebel
1 Möhre
200 g Rinderhüftsteak
2 EL Rapsöl
1 ½ TL Dashibrühe (Instantgranulat)
2 EL Sake
1 gehäufter EL Zucker
1 EL Mirin
3 EL Sojasauce

1 Kartoffeln schälen, in mundgerechte Stücke schneiden und bis zur Verwendung in Wasser legen. Zwiebel schälen, halbieren und in 1 cm breite Spalten schneiden. Möhre schälen und in kleine Stücke schneiden. Fleisch in 5 cm lange, dünne Scheiben schneiden.

2 Öl in einem Topf erhitzen und das Fleisch darin bei starker Hitze in ca. 2 Min. rundum anbraten. Nacheinander Zwiebel, Möhre und Kartoffeln zugeben und anbraten. 340 ml Wasser, Dashigranulat und Sake zufügen und aufkochen, dabei entstehenden Schaum abschöpfen. Alles zugedeckt bei mittlerer Hitze ca. 4 Min. kochen.

3 Zucker, Mirin und 1 EL Sojasauce einrühren und den Eintopf mit leicht geöffnetem Deckel bei mittlerer Hitze ca. 15 Min. garen, bis die Brühe auf die Hälfte eingekocht ist. Die restliche Sojasauce zugeben und den Eintopf offen ca. 10 Min. weitergaren, bis nur wenig Brühe übrig ist. Als Teil der japanischen Mahlzeit servieren.

Für 4 Personen • 40 Min. Zubereitung • Pro Portion ca. 340 kcal, 19 g E, 22 g F, 15 g KH

TERIYAKI-FLEISCHBÄLLCHEN
FÜR KINDER

1 Stück Ingwer (3 cm lang)
100 g Tofu
300 g Schweinehackfleisch
⅓ TL Dashibrühe (Instantgranulat)
Salz
1 Ei (L)
2 TL Speisestärke
4 EL Sojasauce
2 EL Mirin
2 EL Zucker
1 ½ EL Rapsöl

1 Ingwer schälen und fein reiben, Tofu sehr fein zerbröseln. Hackfleisch, Ingwer und Tofu in eine Schüssel geben. Dashigranulat, ⅓ TL Salz, Ei und Stärke zufügen und alles verkneten, bis die Masse bindet. Aus der Masse 24 Bällchen (3,5 cm ⌀) formen.

2 In einem Topf 1 l Wasser erhitzen. Die Hälfte der Bällchen hineingeben und offen bei mittlerer bis starker Hitze ca. 3 Min. garen, bis sie an die Oberfläche steigen. Herausnehmen und auf einem Gitter abtropfen lassen. Mit den restlichen Bällchen wiederholen.

3 Sojasauce, Mirin und Zucker verrühren. Öl in einer Pfanne erhitzen und die Bällchen darin bei mittlerer Hitze in ca. 3 Min. rundum anbraten. Die Sauce zugießen und die Bällchen damit überziehen. Ca. 2 Min. köcheln lassen, bis die Sauce bindet und glänzt. Die Bällchen als Teil der japanischen Mahlzeit servieren.

Für 4 Personen • 30 Min. Zubereitung • 20 Min. Marinieren • Pro Portion ca. 285 kcal, 25 g E, 11 g F, 21 g KH

HÄHNCHEN »KARAAGE«

EINFACH

400 g Hähnchenbrustfilet
1 Stück Ingwer (4 cm lang)
2 EL Sake
5 EL Sojasauce
4 EL Speisestärke
400 ml Rapsöl
½ Kopf Eisbergsalat
2 EL Zucker
3 EL japanischer Essig

AUSSERDEM
Wok

1 Fleisch kalt abbrausen, trocken tupfen und in mundgerechte Stücke schneiden. Ingwer schälen und fein reiben. Dann mit Sake und 2 EL Sojasauce verrühren. Die Fleischstücke mit der Marinade verkneten und bei Raumtemperatur ca. 20 Min. ziehen lassen.

2 Das Fleisch aus der Marinade nehmen und mit der Speisestärke vermischen. Das Öl im Wok auf 170° erhitzen. Es ist heiß genug, wenn an einem hineingetauchten Holzstäbchen Bläschen aufsteigen. Die Fleischstücke darin in vier Portionen bei mittlerer Hitze in je ca. 3 Min. knusprig frittieren. Auf Küchenpapier entfetten.

3 Inzwischen den Eisbergsalat waschen, trocken schütteln und in 1 cm breite Streifen schneiden. Die Hähnchenstücke darauf anrichten. Zucker in 1 EL heißem Wasser auflösen, dann mit restlicher Sojasauce und Essig verrühren. Die Sauce über Fleisch und Salat träufeln und als Teil der japanischen Mahlzeit servieren.

Für 4 Personen • 20 Min. Zubereitung • Pro Portion ca. 215 kcal, 21 g E, 2 g F, 20 g KH

GEKOCHTE SCHOLLE

SCHNELL

400 g Schollenfilet (ersatzweise Seezunge, Pangasius)
1 Stück Ingwer (3 cm lang)
2 dünne Stangen Lauch
100 ml Sake
50 ml Mirin
60 ml Sojasauce
30 g Zucker

1 Das Fischfilet kalt abbrausen und trocken tupfen. Ingwer schälen und in dünne Scheiben schneiden. Lauch putzen, waschen und schräg in dünne Scheiben schneiden.

2 Sake und Mirin in einer Pfanne mit hohem Rand bei mittlerer bis starker Hitze aufkochen. 300 ml Wasser, Sojasauce und Zucker zugeben und erneut aufkochen. Fisch, Ingwer und Lauch in die Sauce legen und zugedeckt bei mittlerer Hitze 2–4 Min. garen. Dann offen noch 4–6 Min. weitergaren, bis der Fisch gar ist. Dabei den Fisch regelmäßig mit der Sauce begießen.

3 Fisch und Lauch aus der Pfanne nehmen und auf vier Tellern anrichten. Die Sauce bei starker Hitze ca. 2 Min. einkochen lassen. Mit den Ingwerscheiben über den Fisch träufeln und als Teil der japanischen Mahlzeit servieren.

Für 4 Personen • 15 Min. Zubereitung • 1 Std. Marinieren • Pro Portion ca. 250 kcal, 20 g E, 15 g F, 5 g KH

GEGRILLTER LACHS MIT YUZU

EINFACH

400 g Lachsfilet
3 EL Sojasauce
3 EL Mirin
3 EL Sake
1 EL Yuzusaft (Asienladen, ersatzweise Zitronensaft)
4 Zitronenscheiben

AUSSERDEM
Ofenform mit Rost
1 TL Rapsöl

1 Den Lachs kalt abbrausen, trocken tupfen und in vier Stücke schneiden. Sojasauce, Mirin, Sake und Yuzusaft in einer Schale verrühren. Den Lachs in die Marinade legen und zugedeckt ca. 1 Std. im Kühlschrank ziehen lassen. Dabei mehrmals wenden.

2 Den Backofengrill auf 240° vorheizen, den Rost in der Form mit Öl einfetten. Den Fisch aus der Marinade nehmen, mit Küchenpapier abtupfen und auf den Rost legen. Den Lachs im Ofen (oben) ca. 3 Min. grillen, wenden und von der zweiten Seite ca. 1 Min. grillen. (Alternativ die Filets in einer Pfanne in etwas Öl braten.)

3 Inzwischen die restliche Marinade in einem kleinen Topf bei starker Hitze in ca. 2 Min. einkochen lassen. Den Lachs aus dem Ofen nehmen und von beiden Seiten großzügig mit der Marinade bestreichen. Den Fisch auf vier Tellern anrichten, mit je 1 Zitronenscheibe garnieren und als Teil der japanischen Mahlzeit servieren.

GEMÜSE-TEMPURA

FÜR GÄSTE

Für 4 Personen • 50 Min. Zubereitung • Pro Portion ca. 230 kcal, 7 g E, 6 g F, 34 g KH

FÜR GEMÜSE UND TEIG
1 Aubergine
1 Süßkartoffel
4 Shiitake (Pilze)
1 Ei (M)
100 g Mehl
500 ml Rapsöl

FÜR DEN DIP
⅓ Rettich
50 ml Mirin
1 TL Dashibrühe (Instantgranulat)
50 ml Sojasauce

AUSSERDEM
Wok

GUT ZU WISSEN
Mit diesem zarten Teig lassen sich auch andere Gemüse, Meeresfrüchte und Fisch umhüllen. Tempura mit Dip wird auch unter dem Namen »Tendon« auf Reis serviert oder auf Buchweizennudeln als »Tempura Soba«.

GEMÜSE: Zuerst für das Eiswasser 150 ml Wasser ins Tiefkühlfach stellen. Aubergine waschen, putzen und quer in 1 cm dicke Scheiben schneiden. Süßkartoffel schälen, die Enden abschneiden und die Knolle quer in 7 mm dicke Scheiben schneiden. Shiitake putzen, Stiele entfernen und die Oberseite dekorativ einschneiden (Bild 1).

DIP: Den Rettich schälen und fein reiben. Mirin in einem kleinen Topf offen bei mittlerer bis starker Hitze kurz aufkochen, damit der Alkohol verfliegt. Dann 250 ml Wasser, Dashigranulat und Sojasauce einrühren (Bild 2). Nochmals aufkochen lassen und den Dip warm stellen.

TEIG: Das Ei in einem Messbecher verquirlen und mit dem Eiswasser auf 200 ml auffüllen. Das Mehl dazusieben und mit Essstäbchen grob verrühren, sodass noch kleine Mehlklümpchen vorhanden sind (Bild 3).

FERTIGSTELLEN: Das Öl im Wok auf 170° erhitzen. Es ist heiß genug, wenn ein Teigtropfen bis zum Boden sinkt und sofort wieder aufsteigt (Bild 4). Die Gemüsestücke einzeln in den Teig tauchen, kurz abtropfen lassen und ins heiße Öl legen (Bild 5). Bei mittlerer Hitze in 3–4 Min. goldgelb frittieren. Dabei gelegentlich wenden und immer nur kleine Mengen frittieren, da sonst die Temperatur zu stark absinkt. Die frittierten Stücke auf Küchenpapier entfetten.

Das frittierte Gemüse auf vier Tellern anrichten. Den Rettich leicht ausdrücken und als Häufchen danebensetzen. Den Dip in vier Schälchen füllen, dazu reichen und nach Belieben bei Tisch den geriebenen Rettich untermischen (Bild 6). Als Teil der japanischen Mahlzeit servieren.

Für 4 Personen • 1 Std. Zubereitung • Pro Portion ca. 340 kcal, 13 g E, 17 g F, 32 g KH

PFANNKUCHEN »OKONOMIYAKI«

VITAMINREICH

600 g Jaromakohl (ersatzweise Spitzkohl)
1 Möhre
1 Bund Frühlingszwiebeln
2 TL Dashibrühe (Instantgranulat)
100 g Mehl
Salz
4 Eier (M)
4 TL Rapsöl
6 EL Okonomiyaki-Sauce (Asienladen)
60 g japanische Mayonnaise (Asienladen)
2 TL Aonori (Seetangpulver, Asienladen)

1 Kohl putzen, waschen, Strunk entfernen und klein schneiden. Möhre schälen und raspeln. Frühlingszwiebeln putzen, waschen und in feine Ringe schneiden. Dashigranulat und 175 ml Wasser in einer großen Schüssel verrühren. Mehl und 2 Prisen Salz mit dem Schneebesen grob einrühren. Gemüse und Eier untermischen.

2 In einer Pfanne 1 TL Öl erhitzen. Ein Viertel der Gemüsemasse hineingeben und zu einem Kreis (ca. 16 cm ⌀) flach drücken. Bei mittlerer Hitze ca. 5 Min. braten, bis die Unterseite goldbraun ist. Den Pfannkuchen wenden, die Temperatur etwas reduzieren und von der zweiten Seite 4–5 Min. braten. Aus der Pfanne nehmen, warm stellen und ebenso noch drei Pfannkuchen backen.

3 Die Pfannkuchen mit Okonomiyaki-Sauce bestreichen und mit Mayonnaise in Streifen überziehen. Zuletzt mit Aonori bestreuen und als Teil der japanischen Mahlzeit servieren.

Für 4 Personen • 30 Min. Zubereitung • Pro Portion ca. 325 kcal, 17 g E, 18 g F, 25 g KH

TOFU-SESAM-SCHNITZEL

PROTEINREICH

3 EL Sesam
400 g Tofu
Salz, Pfeffer
3 EL Mehl
70 g Panko (jap. Semmelbrösel, Asienladen)
1 Ei (M)
500 ml Rapsöl
4 EL Tonkatsu-Sauce (Asienladen)

AUSSERDEM
Wok

1 Den Sesam in einer beschichteten Pfanne ohne Fett bei schwacher bis mittlerer Hitze ca. 5 Min. rösten, bis er duftet. Die Pfanne dabei regelmäßig schwenken.

2 Tofu trocken tupfen und waagerecht in ca. 1,2 cm dicke Scheiben schneiden. Mit Salz und Pfeffer würzen. Mehl auf einen Teller geben, Panko und Sesam auf einem zweiten Teller mischen. Das Ei mit 1 EL Wasser in einem tiefen Teller verquirlen. Die Tofuscheiben zuerst im Mehl, dann in Ei und zuletzt in der Pankomischung wenden.

3 Das Öl im Wok auf 170° erhitzen. Es ist heiß genug, wenn an einem hineingetauchten Holzstäbchen Bläschen aufsteigen. Jeweils 2 Tofuscheiben ins heiße Öl legen und bei mittlerer Hitze in 5–6 Min. von beiden Seiten goldbraun frittieren. Herausnehmen und auf Küchenpapier entfetten. Die Schnitzel mit Tonkatsu-Sauce als Teil der japanischen Mahlzeit servieren.

GROSSE & KLEINE BEILAGEN

22 JAPANISCHER KARTOFFELSALAT
24 GURKENSALAT MIT WAKAME
24 SPINAT MIT SESAMSAUCE
25 MÖHRENDRESSING
25 MISO-SESAM-DRESSING
26 MÖHREN-KONJAK-SALAT MIT TOFU
29 GEROLLTES SÜSSES OMELETT
30 AUBERGINE MIT MISO
31 EIERSUPPE
32 GEMÜSESUPPE

Für 4 Personen • 35 Min. Zubereitung • Pro Portion ca. 170 kcal, 7 g E, 8 g F, 17 g KH

JAPANISCHER KARTOFFELSALAT

GUT VORZUBEREITEN

FÜR DEN SALAT
500 g mehligkochende Kartoffeln
1 Möhre
1 Zwiebel
¼ Salatgurke
Salz
60 g gekochter Schinken
1 TL Senf

FÜR DAS DRESSING
3 EL japanischer Essig
Salz, Pfeffer
80 g japanische Mayonnaise (Asienladen)

GUT ZU WISSEN
Möhre, Zwiebel, Schinken und Senf sind austauschbar und von der Menge her variabel. Auch Maiskörner und hart gekochtes Ei sind beliebte Zutaten. Der Salat eignet sich prima für die Bentobox.

SALAT: Kartoffeln waschen, schälen und halbieren. Die Hälften in 1 cm breite Scheiben schneiden. Möhre schälen und in Scheiben schneiden. Kartoffeln und Möhre in einem Topf mit Wasser bedecken und zugedeckt in ca. 20 Min. weich kochen.

Inzwischen die Zwiebel schälen, halbieren und in feine Scheiben schneiden. Die Zwiebelscheiben ca. 10 Min. in kaltes Wasser legen. Gurke waschen und ebenfalls in feine Scheiben schneiden. Die Gurkenscheiben in einer Schüssel leicht salzen und ca. 10 Min. ziehen lassen. Den Schinken in 2 cm große Quadrate schneiden.

Die Zwiebelscheiben in ein Sieb abgießen und ausdrücken. Dann in einer Schüssel mit dem Senf von Hand verkneten. Die Gurkenscheiben in das Sieb geben und ausdrücken.

DRESSING UND FERTIGSTELLEN: Kartoffeln und Möhren abgießen und im Topf kurz ausdampfen lassen. Dann in eine große Schüssel umfüllen. Den Essig unterrühren und mit Salz und Pfeffer würzen. Zwiebel, Gurke und Schinken untermischen. Zuletzt die Mayonnaise zugeben und alles vermischen, dabei einen Teil der Kartoffeln leicht zerdrücken. Den Kartoffelsalat mit Salz und Pfeffer abschmecken und als große Beilage der japanischen Mahlzeit servieren.

Für 4 Personen • 15 Min. Zubereitung • Pro Portion ca. 40 kcal, 1 g E, 0 g F, 8 g KH

Für 4 Personen • 15 Min. Zubereitung • Pro Portion ca. 95 kcal, 4 g E, 5 g F, 8 g KH

GURKENSALAT MIT WAKAME

EINFACH

2 Minigurken • Salz • 1 EL Wakame (getrocknete Algen) • 1 Msp. Dashibrühe (Instantgranulat) • 1 EL Zucker • 3 EL japanischer Essig • 1 EL helle Sojasauce (Usukuchi)

1 Gurken waschen und in 1–2 mm dicke Scheiben schneiden. In einer Schüssel 300 ml Wasser mit 1 ½ TL Salz mischen, die Gurkenscheiben hineinlegen und ca. 10 Min. ziehen lassen. Inzwischen Wakame ca. 5 Min. oder nach Packungsangabe in Wasser einweichen. Danach kalt abspülen und gut ausdrücken.

2 Dashigranulat und Zucker in 45 ml warmem Wasser auflösen. Essig, Sojasauce und 1 Prise Salz einrühren. Die Gurken in ein Sieb abgießen, kalt abspülen und gut ausdrücken. Dann mit Wakame und Dressing mischen. Den Salat in vier Schälchen anrichten und als kleine Beilage der japanischen Mahlzeit servieren.

SPINAT MIT SESAM

VITAMINREICH

4 EL Sesam • 200 g Blattspinat • Salz • 2 EL Sojasauce • 1 ½ EL Zucker • 1 Prise Dashibrühe (Instantgranulat) • Mörser

1 Sesam in einer beschichteten Pfanne ohne Fett bei schwacher bis mittlerer Hitze ca. 5 Min. rösten, bis er duftet. Die Pfanne dabei regelmäßig schwenken. Spinat gründlich waschen und in kochendem Salzwasser 1–2 Min. blanchieren. In ein Sieb abgießen, abtropfen lassen und 1 EL Sojasauce untermischen.

2 Den Sesam im Mörser zerstoßen. Restliche Sojasauce, Zucker, Dashigranulat und 1 EL Wasser zufügen und alles verreiben. Den Spinat leicht ausdrücken und mit der Sesamsauce mischen. Spinat und Sauce in vier Schälchen anrichten und als kleine Beilage der japanischen Mahlzeit servieren.

GROSSE UND KLEINE BEILAGEN

*Für 4 Personen • 10 Min. Zubereitung •
Pro Portion ca. 90 kcal, 1 g E, 6 g F, 7 g KH*

*Für 4 Personen • 15 Min. Zubereitung •
Pro Portion ca. 140 kcal, 3 g E, 8 g F, 13 g KH*

MÖHRENDRESSING

SCHNELL

*1 Möhre • ½ kleine Zwiebel • 2 ½ EL Olivenöl •
2 ½ EL Sojasauce • 2 EL japanischer Essig •
1 EL Zucker • 1 EL Mirin (ersatzweise Zucker)*

1 Möhre und Zwiebel schälen, in grobe Stücke schneiden und im Blitzhacker fein zerkleinern. Öl, Sojasauce, Essig, Zucker und Mirin zugeben und alles gründlich vermischen.

2 Das Dressing passt besonders gut zu Blatt- und Rohkostsalaten, aber auch zu gekochtem Gemüse, zu Tofu und zu Käse. Das Dressing vor dem Servieren stets durchrühren, da sich die Möhren oben absetzen. Es hält sich im Kühlschrank bis zu 5 Tage.

MISO-SESAM-DRESSING

KLASSIKER

*3 EL Sesam • 50 g helle Misopaste • 2 EL japanischer Essig • 2 EL Zucker • 2 EL Mirin •
1 Prise Dashibrühe (Instantgranulat) • 1 EL Rapsöl • 1 TL Sesamöl • Mörser*

1 Sesam in einer beschichteten Pfanne ohne Fett bei schwacher bis mittlerer Hitze ca. 5 Min. rösten, bis er duftet. Die Pfanne dabei regelmäßig schwenken. Den Sesam danach im Mörser fein zerstoßen.

2 Sesam, Miso, Essig, Zucker, Mirin, Dashigranulat und 2 EL Wasser in einer Schüssel glatt rühren. Dann beide Öle mit einem Schneebesen einrühren. Das Dressing passt zu gekochtem oder gegrilltem Gemüse, zu Blattsalaten, Tofu und Fleisch. Vor dem Servieren durchrühren. Es hält sich im Kühlschrank bis zu 5 Tage.

Für 4 Personen • 35 Min. Zubereitung • Pro Portion ca. 105 kcal, 6 g E, 5 g F, 9 g KH

MÖHREN-KONJAK-SALAT MIT TOFU

KLASSIKER

FÜR DAS GEMÜSE

100 g Konnyaku (Konjak-Block, Asienladen)
1 Möhre
½ TL Dashibrühe (Instantgranulat)
1 TL helle Sojasauce (Usukuchi)
1 TL Mirin
40 g TK-Prinzessbohnen (ersatzweise Blattspinat)

FÜR DIE TOFUSAUCE

2 EL Sesam
150 g Tofu
2 TL helle Misopaste
1 EL Zucker
Salz
1 TL helle Sojasauce (Usukuchi)

AUSSERDEM

Mörser

GEMÜSE: Konnyaku kalt abspülen und mit der doppelten Menge Wasser in einen Topf geben. Zugedeckt bei starker Hitze aufkochen und ca. 3 Min. kochen lassen.

Inzwischen die Möhre schälen, in 3–4 cm lange Stücke, dann längs in dünne Scheiben schneiden. Dashigranulat, Sojasauce, Mirin und 150 ml Wasser in einem Topf offen bei starker Hitze einmal aufkochen lassen. Konnyaku in ein Sieb abgießen und kalt abspülen. Den Block in dünne Scheiben schneiden und diese halbieren. Konnyaku, Möhre und TK-Bohnen in die Brühe geben, zugedeckt bei starker Hitze aufkochen und ca. 3 Min. kochen lassen. Dann vom Herd nehmen und das Gemüse in der Brühe abkühlen lassen.

TOFUSAUCE: Sesam in einer beschichteten Pfanne ohne Fett bei schwacher bis mittlerer Hitze ca. 5 Min. rösten, bis er duftet. Die Pfanne dabei regelmäßig schwenken. Tofu in einem Topf mit heißem Wasser bedecken, zugedeckt bei starker Hitze aufkochen und ca. 3 Min. kochen lassen. Aus dem Wasser nehmen und trocken tupfen. Tofu, Miso, Zucker, 1 Msp. Salz, Sojasauce und 2 EL von der Gemüsebrühe im Blitzhacker zu einer cremigen Paste verrühren. Den gerösteten Sesam im Mörser fein zerstoßen und unterrühren.

FERTIGSTELLEN: Die Konnyaku-Gemüse-Mischung in ein Sieb abgießen und abtropfen lassen. Mit der Tofusauce vermischen, in vier Schälchen anrichten und als kleine Beilage der japanischen Mahlzeit servieren.

Für 4 Personen • 20 Min. Zubereitung • Pro Portion ca. 140 kcal, 7 g E, 9 g F, 8 g KH

GEROLLTES SÜSSES OMELETT

GUT VORZUBEREITEN

4 Eier (M)
1 Msp. Dashibrühe (Instantgranulat)
1 ½ EL Zucker
2 TL Mirin
2 TL Sojasauce
2 TL Rapsöl

GUT ZU WISSEN
Das Omelett schmeckt warm oder kalt und auch aus der Bentobox. Je kleiner die Pfanne, desto einfacher lässt es sich rollen. In Japan verwendet man übrigens eine eckige Pfanne.

1 Eier, Dashigranulat, Zucker, Mirin, Sojasauce und 3 EL Wasser in einer Schüssel verquirlen. Eine beschichtete Pfanne (24 cm Ø) mit ½ TL Öl einpinseln und bei mittlerer Hitze heiß werden lassen. Ein Viertel der Eiermasse hineingießen und gleichmäßig verteilen. In ca. 2 Min. halbfest stocken lassen, dabei entstehende Blasen aufstechen. Das Omelett dann von hinten aufrollen. Dafür die Pfanne schräg halten, den hinteren Teil mit einem Gummispatel oder Pfannenwender nach vorne klappen und das Omelett so schrittweise aufrollen. Die Rolle an den hinteren Pfannenrand schieben.

2 Die Pfanne wieder mit ½ TL Öl einpinseln und ein weiteres Viertel der Eiermasse hineingießen. Die Omelettrolle etwas anheben und die Masse darunterlaufen lassen. Die Masse wieder in 1–2 Min. halbfest stocken lassen und von hinten weiter aufrollen. Mit der restlichen Eiermasse wiederholen. Die fertige Omelettrolle auf einem Schneidebrett etwas abkühlen lassen. Dann in acht Stücke schneiden und als große Beilage der japanischen Mahlzeit servieren.

GROSSE UND KLEINE BEILAGEN

Für 4 Personen • 30 Min. Zubereitung • 30 Min. Ziehen • Pro Portion ca. 100 kcal, 2 g E, 4 g F, 11 g KH

AUBERGINE MIT MISO

VEGAN

1 Aubergine (300 g)
Salz
⅓ grüne Paprika (70 g)
1 EL Rapsöl
½ EL Sesamöl
3 EL Sake
2 EL Mirin
1 ½ EL Zucker
2 TL Sojasauce
4 TL helle Misopaste

1 Aubergine waschen, putzen, längs vierteln und in 1,2 cm breite Stücke schneiden. In einer Schüssel 1 l Wasser mit 1 TL Salz mischen und die Stücke darin ca. 30 Min. ziehen lassen. Danach in ein Sieb abgießen, abspülen und trocken tupfen. Paprika waschen, putzen und die Schote in 2 cm große Stücke schneiden.

2 Raps- und Sesamöl in einer großen Pfanne erhitzen und die Aubergine darin bei mittlerer Hitze ca. 6 Min. unter gelegentlichem Rühren braten. Paprika, Sake und Mirin zugeben und ca. 1 Min. rührbraten. Zucker und Sojasauce einrühren und das Gemüse zugedeckt ca. 4 Min. dünsten, bis die Aubergine gar ist.

3 Miso und 3 EL Wasser einrühren und das Miso dabei auflösen. Das Gemüse offen noch 2–3 Min. weiterbraten, bis die Flüssigkeit fast vollständig verdampft ist. In vier Schälchen anrichten und als große Beilage der japanischen Mahlzeit servieren.

Für 4 Personen • 10 Min. Zubereitung • Pro Portion ca. 60 kcal, 4 g E, 3 g F, 4 g KH

EIERSUPPE

SCHNELL

2 TL Dashibrühe (Instantgranulat)
2 Eier (M)
2 Frühlingszwiebeln
1 EL Kartoffelstärke (ersatzweise Speisestärke)
Salz
1 TL helle Sojasauce (Usukuchi)

1 In einem Topf 700 ml Wasser und Dashigranulat zugedeckt aufkochen. Inzwischen die Eier in einer Schüssel verquirlen. Die Frühlingszwiebeln putzen, waschen und in feine Ringe schneiden. Die Stärke mit 2 EL kaltem Wasser verrühren.

2 Den Topf vom Herd nehmen und die Brühe mit ½ TL Salz und Sojasauce abschmecken. Die Stärke einrühren und die Suppe offen bei starker Hitze ca. 1 Min. kochen lassen, bis sie leicht bindet.

3 Die Temperatur dann reduzieren, bis die Suppe nur noch leicht köchelt. Die Eiermasse in dünnem Strahl spiralförmig in die Suppe gießen und bei mittlerer Hitze in ca. 1 Min. stocken lassen. Dabei leicht verrühren. Sobald die Eierstreifen an die Oberfläche steigen, den Topf vom Herd nehmen. Die Suppe in vier Schalen anrichten, mit den geschnittenen Frühlingszwiebeln bestreuen und als Teil der japanischen Mahlzeit servieren.

GROSSE UND KLEINE BEILAGEN

Für 4 Personen • 30 Min. Zubereitung • Pro Portion ca. 95 kcal, 7 g E, 6 g F, 5 g KH

GEMÜSESUPPE

VITAMINREICH

FÜR DIE EINLAGE
50 g Konnyaku (Konjak-Block, Asienladen)
1 Stück Rettich (4 cm lang)
1 Möhre
2 Frühlingszwiebeln
200 g Tofu

FÜR DIE SUPPE
2 TL Sesamöl (ersatzweise Rapsöl)
2 ½ TL Dashibrühe (Instantgranulat)
2 TL Sojasauce
Salz

> **GUT ZU WISSEN**
> Diese Suppe gehört zu den traditionellen Gerichten Japans, die ihren Ursprung in der buddhistischen Tempelküche haben. Dort wird Dashi auf Algenbasis verwendet.

EINLAGE: Konnyaku kalt abspülen und mit der doppelten Menge Wasser in einen Topf geben. Zugedeckt bei starker Hitze aufkochen und ca. 3 Min. kochen lassen.

Inzwischen den Rettich schälen und der Länge nach erst in 2–3 mm dicke Scheiben schneiden, diese dann längs in 1 cm breite Streifen schneiden. Möhre schälen und in 4 cm lange Stücke teilen. Die Stücke wie den Rettich zuerst längs in dünne Scheiben, dann in 1 cm breite Streifen schneiden.

Konnyaku in ein Sieb abgießen und kalt abspülen. Den Block in dünne Scheiben schneiden und diese halbieren. Frühlingszwiebeln putzen, waschen und in feine Ringe schneiden. Tofu trocken tupfen und grob zerbröseln.

SUPPE: Das Sesamöl in einem Topf erhitzen. Nacheinander Konnyaku, Rettich, Möhre und Tofu hineingeben und bei starker Hitze in je ca. 20 Sek. rundum anbraten. Dann 750 ml Wasser und Dashigranulat zufügen und aufkochen, dabei entstehenden Schaum abschöpfen. Die Suppe zugedeckt bei schwacher bis mittlerer Hitze ca. 5 Min. köcheln lassen, bis das Gemüse weich ist.

FERTIGSTELLEN: Die Gemüsesuppe zuletzt mit Sojasauce und ⅔ TL Salz abschmecken. In vier Schalen anrichten, mit den geschnittenen Frühlingszwiebeln bestreuen und als Teil der japanischen Mahlzeit servieren.

REIS- & NUDELGERICHTE

36 REIS MIT HUHN UND EI »OYAKODON«

38 REIS MIT RINDFLEISCH »GYUDON«

40 REIS MIT SCHNITZEL »KATSUDON«

43 REIS MIT GEMÜSE GEKOCHT

44 EIER-BRATEN-REIS »CHAHAN«

45 REIS MIT CURRY

47 UDON MIT FRITTIERTEM TOFU

48 KALTE SOMEN

Für 4 Personen • 30 Min. Zubereitung • 30 Min. Ruhen • Pro Portion ca. 525 kcal, 28 g E, 8 g F, 83 g KH

REIS MIT HUHN UND EI »OYAKODON«

KLASSIKER

FÜR DEN REIS
400 g Sushi-Reis

FÜR DEN BELAG
250 g Hähnchenbrustfilet
2 EL Sake
1 Zwiebel
1 TL Dashibrühe (Instantgranulat)
3 EL Sojasauce
4 EL Mirin
4 Eier (M)

REIS: Reis waschen, mit 660 ml Wasser in einen Topf geben und ca. 30 Min. ruhen lassen. Danach zugedeckt bei mittlerer Hitze aufkochen und bei schwacher Hitze ca. 15 Min. garen. Vom Herd nehmen und noch ca. 10 Min. quellen lassen.

BELAG: Während der Reis kocht, das Fleisch kalt abbrausen, trocken tupfen und in 3 cm große Stücke schneiden. Diese mit der Hand mit 1 EL Sake verkneten. Zwiebel schälen und in dünne Scheiben schneiden. Dashigranulat in 200 ml heißem Wasser auflösen und die Sojasauce einrühren.

Mirin und restlichen Sake in einer Pfanne mit hohem Rand bei starker Hitze kurz aufkochen, damit der Alkohol verfliegt. Die Dashi-Mischung zugießen und erneut aufkochen. Dann die Zwiebelscheiben in die Brühe legen und ca. 1 Min. köcheln lassen. Das Fleisch zugeben und bei schwacher bis mittlerer Hitze ca. 5 Min. garen, dabei einmal wenden.

Die Eier in einer Schüssel leicht verquirlen. Die Hälfte der Eiermasse großflächig über das Fleisch in der Pfanne gießen und in ca. 3 Min. halbfest stocken lassen. Dann die restliche Eiermasse darübergießen und zugedeckt bei schwacher Hitze in ca. 1 Min. anstocken lassen. Den Herd ausschalten und die Eier in ca. 1 Min. halbfest stocken lassen.

FERTIGSTELLEN: Den Reis mit einer Gabel auflockern und auf vier große Schüsseln verteilen. Das Omelett vierteln und darauflegen. Als eigenständiges Gericht servieren.

GU CLOU

Oyakodon wird in Japan üblicherweise portionsweise für jeden Gast frisch gekocht. Mit diesem Rezept aber können Sie das Gericht gleich für die ganze Familie zubereiten – so können alle gleichzeitig genießen.

Für 4 Personen • 30 Min. Zubereitung • 30 Min. Ruhen • Pro Portion ca. 555 kcal, 26 g E, 5 g F, 98 g KH

REIS MIT RINDFLEISCH »GYUDON«

EINFACH

FÜR DEN REIS
400 g Sushi-Reis

FÜR DEN BELAG
200 g Shirataki (Konjak-Nudeln, Asienladen)
300 g Rindfleisch (z. B. Rumpsteak)
2 Zwiebeln
1 Bund Frühlingszwiebeln

FÜR DIE BRÜHE
70 ml Sake
2 EL Mirin
1 TL Dashibrühe (Instantgranulat)
3 EL Zucker
100 ml Sojasauce

GUT ZU WISSEN
Gyudon ist die vereinfachte Variante von Sukiyaki. Es schmeckt genauso gut, lässt sich aber schnell und unkompliziert zubereiten. Zu Gyudon passen rot eingelegter Ingwer (Beni shoga) oder ein rohes Eigelb.

REIS: Reis waschen, mit 660 ml Wasser in einen Topf geben und ca. 30 Min. ruhen lassen. Danach zugedeckt bei mittlerer Hitze aufkochen und bei schwacher Hitze ca. 15 Min. garen. Vom Herd nehmen und noch ca. 10 Min. quellen lassen.

BELAG: Während der Reis kocht, Shirataki kalt abspülen und mit der doppelten Menge Wasser in einen Topf geben. Zugedeckt bei starker Hitze aufkochen und ca. 3 Min. kochen lassen. Inzwischen das Fleisch in dünne Scheiben schneiden. Zwiebeln schälen, halbieren und in 5 mm dicke Halbringe schneiden. Frühlingszwiebeln putzen, waschen und schräg in 3–4 cm lange Stücke schneiden. Die Stücke dann je nach Dicke eventuell nochmals längs halbieren. Die Shirataki in ein Sieb abgießen, kalt abspülen und mit einer Schere auf ca. 15 cm Länge schneiden.

BRÜHE: Sake und Mirin in einer Pfanne mit hohem Rand bei starker Hitze kurz aufkochen. 200 ml Wasser, Dashigranulat, Zucker und Sojasauce zugeben und erneut aufkochen. Shirataki und Zwiebelringe in die Brühe legen und zugedeckt bei mittlerer Hitze ca. 3 Min. kochen, bis die Zwiebeln bissfest sind. Fleisch und Frühlingszwiebeln zugeben und offen noch ca. 2 Min. köcheln lassen, bis das Fleisch gar ist.

FERTIGSTELLEN: Den Reis mit einer Gabel auflockern und auf vier große Schüsseln verteilen. Je ein Viertel der Brühe darübergeben und als eigenständiges Gericht servieren.

REIS MIT SCHNITZEL »KATSUDON«

FÜR KINDER

Für 4 Personen • 35 Min. Zubereitung • 30 Min. Ruhen • Pro Portion ca. 790 kcal, 40 g E, 25 g F, 96 g KH

FÜR DEN REIS
300 g Sushi-Reis

FÜR DIE BRÜHE
1 TL Dashibrühe (Instantgranulat)
2 EL Mirin
2 EL Zucker
5 EL Sojasauce
4 Eier (M)

FÜR DIE SCHNITZEL
4 Scheiben Schweinerücken (à 100 g)
Salz, Pfeffer
4 EL Mehl
100 g Panko (jap. Semmelbrösel, Asienladen)
1 Ei (L)
500 ml Rapsöl

AUSSERDEM
Wok

GUT ZU WISSEN
Das Schnitzel (Tonkatsu) allein ist als Hauptgericht ein beliebter Bestandteil der japanischen Mahlzeit. Es wird dann mit der gleichnamigen Tonkatsu-Sauce und fein geschnittenem Weißkohl serviert.

REIS: Reis waschen, mit 500 ml Wasser in einen Topf geben und ca. 30 Min. ruhen lassen. Danach zugedeckt bei mittlerer Hitze aufkochen und bei schwacher Hitze ca. 15 Min. garen. Vom Herd nehmen und noch ca. 10 Min. quellen lassen.

BRÜHE: Während der Reis kocht, 300 ml Wasser, Dashigranulat, Mirin, Zucker und Sojasauce in einer Pfanne mit hohem Rand verrühren und kurz aufkochen lassen (Bild 1). Die Eier in einer Schale leicht verquirlen.

SCHNITZEL: Das Fleisch mit Salz und Pfeffer würzen. Mehl und Panko getrennt auf zwei Teller geben. Das Ei in einem tiefen Teller verquirlen. Das Fleisch zuerst in Mehl, dann in Ei und zuletzt in Panko wenden (Bild 2).

Das Öl im Wok auf 180° erhitzen. Es ist heiß genug, wenn an einem hineingetauchten Holzstäbchen Bläschen aufsteigen (Bild 3). Die Schnitzel hineinlegen und von beiden Seiten in 3–4 Min. goldbraun frittieren. Auf Küchenpapier entfetten.

FERTIGSTELLEN: Die Brühe wieder aufkochen. Die Schnitzel in 1,5 cm breite Streifen schneiden (Bild 4) und in die Brühe legen. Die Eiermasse dazugießen und zugedeckt bei mittlerer Hitze in ca. 1 Min. stocken lassen (Bild 5). Dann den Herd ausschalten und Eier noch ca. 3 Min. stocken lassen.

Den Reis mit einer Gabel auflockern und auf vier Schüsseln verteilen. Je ein Viertel der Brühe darübergeben und als eigenständiges Gericht servieren.

Für 4 Personen • 1 Std. Zubereitung • 1 Std. Ruhen • Pro Portion ca. 355 kcal, 17 g E, 2 g F, 67 g KH

REIS MIT GEMÜSE GEKOCHT

KALORIENARM

FÜR PILZE UND REIS
4 getrocknete Shiitake (Pilze)
320 g Sushi-Reis
1 ½ TL Dashibrühe (Instantgranulat)
2 EL Sake
1 EL Sojasauce
Salz

FÜR DIE BEIGABEN
200 g Hähnchenbrustfilet
2 EL Sake
1 EL Sojasauce
50 g Konnyaku (Konjak-Block, Asienladen)
1 Möhre
½ Stück Aburaage (frittierter Tofu, Asienladen)

GUT ZU WISSEN
Das Gericht ist die klassische Version der Takikomi-gohan-Gerichte. Dabei werden Zutaten wie Fleisch, Tofu und Gemüse zusammen mit dem Reis gekocht.

PILZE UND REIS: Shiitake waschen und ca. 1 Std. in kaltem Wasser quellen lassen. Den Reis waschen und in einen großen Topf geben. 400 ml Wasser, Dashigranulat, Sake, Sojasauce und ⅔ TL Salz untermischen und ca. 30 Min. ruhen lassen.

BEIGABEN: Inzwischen das Fleisch kalt abbrausen, trocken tupfen und in 1,5 cm große Stücke schneiden. Die Stücke mit Sake und Sojasauce verkneten und ca. 10 Min. marinieren.

Währenddessen Konnyaku kalt abspülen und mit der doppelten Menge Wasser in einen Topf geben. Zugedeckt bei starker Hitze aufkochen und ca. 3 Min. kochen lassen. Danach in ein Sieb abgießen, Konnyaku kalt abspülen, in dünne Scheiben schneiden und diese halbieren.

Möhre schälen und in 3 cm lange, dünne Streifen schneiden. Aburaage heiß abspülen und in dünne Streifen schneiden. Von den eingeweichten Shiitake die Stiele abschneiden und die Kappen in dünne Scheiben schneiden.

FERTIGSTELLEN: Fleisch samt Marinade, Konnyaku, Möhre, Aburaage und Shiitake unter den Reis mischen. Zugedeckt bei mittlerer Hitze aufkochen, dann bei schwacher Hitze ca. 15 Min. garen. Vom Herd nehmen und noch ca. 10 Min. quellen lassen. Den Reis mit einem Spatel auflockern, in vier Schalen anrichten und als eigenständiges Gericht servieren.

Für 4 Personen • 20 Min. Zubereitung • Pro Portion ca. 380 kcal, 14 g E, 16 g F, 42 g KH

EIER-BRATEN-REIS »CHAHAN«
RESTEVERWERTUNG

80 g Schweinebratenaufschnitt
4 Frühlingszwiebeln
4 Eier (M)
600 g gekochter Sushi-Reis vom Vortag
1 EL Sesamöl
Salz, Pfeffer
1 TL Hühnerbrühe (Instant)
2 EL Rapsöl
1 TL Sojasauce

1 Bratenaufschnitt in 1 cm große Stücke schneiden. Frühlingszwiebeln putzen, waschen und in dünne Ringe schneiden.

2 Eier in einer großen Schüssel verquirlen. Den Reis zugeben und mit Sesamöl, ½ TL Salz, 1 Prise Pfeffer und Brühe würzen. Dann alles gründlich vermischen, bis jedes Reiskorn mit Ei umhüllt ist.

3 Rapsöl in einer Pfanne bei mittlerer Hitze heiß werden lassen. Die Eier-Reis-Mischung hineingeben und bei schwacher bis mittlerer Hitze unter gelegentlichem Rühren ca. 3 Min. braten, bis das Ei halb gestockt ist. Fleisch und Frühlingszwiebeln untermischen und alles ca. 3 Min. unter Rühren weiterbraten, bis das Ei ganz gestockt ist. Die Sojasauce am Pfannenrand zugießen und einrühren. Den Reis in vier tiefen Tellern anrichten und als eigenständiges Gericht servieren. Dazu zum Essen Löffel reichen.

Für 4 Personen • 55 Min. Zubereitung • 30 Min. Ruhen • Pro Portion ca. 545 kcal, 29 g E, 5 g F, 75 g KH

REIS MIT CURRY
GUT VORZUBEREITEN

300 g Sushi-Reis
400 g Fleisch (z. B. Rumpsteak, Schweineschnitzel)
3 Zwiebeln
2 Möhren
2 vorwiegend festkochende Kartoffeln
1 EL Rapsöl
1 Pck. japanischer Currysaucen-Mix (90 g, Asienladen)

1 Reis waschen, mit 500 ml Wasser in einen Topf geben und ca. 30 Min. ruhen lassen. Danach zugedeckt bei mittlerer Hitze aufkochen und bei schwacher Hitze ca. 15 Min. garen. Vom Herd nehmen und noch ca. 10 Min. quellen lassen.

2 Fleisch in 3 cm große Würfel schneiden. Zwiebeln schälen und achteln. Möhren und Kartoffeln schälen und in mundgerechte Stücke schneiden. Öl in einem Topf erhitzen, Fleisch und Gemüse darin bei mittlerer Hitze ca. 5 Min. anbraten. Dann 600 ml Wasser zugießen, aufkochen und alles mit leicht geöffnetem Deckel bei schwacher bis mittlerer Hitze ca. 20 Min. garen.

3 Currysaucen-Mix grob zerkleinern und unterrühren. Das Curry aufkochen und bei schwacher Hitze ca. 5 Min. unter Rühren andicken lassen. Nach Belieben mit Wasser verdünnen. Mit dem Reis in tiefen Tellern anrichten und als eigenständiges Gericht servieren.

REIS- & NUDELGERICHTE

Für 4 Personen • 30 Min. Zubereitung • Pro Portion ca. 855 kcal, 31 g E, 6 g F, 171 g KH

UDON MIT FRITTIERTEM TOFU

GÜNSTIG

FÜR DIE ABURAAGE
3 Stück Aburaage (frittierter Tofu, Asienladen)
2 TL Dashibrühe (Instantgranulat)
2 EL Zucker
2 EL helle Sojasauce (Usukuchi)

FÜR DIE BRÜHE
4 TL Dashibrühe (Instantgranulat)
80 ml helle Sojasauce (Usukuchi)
1 EL Zucker
2 TL Mirin

FÜR DIE EINLAGE
800 g vorgekochte Udon-Nudeln (ersatzweise 400 g getrocknete Udon-Nudeln, Asienladen)
1 Bund Frühlingszwiebeln
Shichimi Tôgarashi (Chili-Würzmischung, nach Belieben, Asienladen)

TAUSCH-TIPP
Statt Aburaage schmecken auch gewürzte Tofu-Taschen (Inari, Asienladen) zur Brühe. Diese nur kurz heiß abspülen.

ABURAAGE: In einem Topf 1 l Wasser aufkochen. Aburaage hineinlegen und bei mittlerer Hitze ca. 3 Min. köcheln lassen, dabei stets unter Wasser drücken. In ein Sieb abgießen und ausdrücken. Im Topf 200 ml Wasser, Dashigranulat, Zucker und Sojasauce aufkochen. Die Aburaage hineinlegen und offen bei schwacher Hitze ca. 15 Min. ziehen lassen.

BRÜHE: Inzwischen 1,2 l Wasser, Dashigranulat, Sojasauce, Zucker und Mirin in einem zweiten Topf verrühren und einmal aufkochen lassen. Die Brühe warm halten.

EINLAGE: Udon-Nudeln nach Packungsangabe in kochendem Wasser garen. In ein Sieb abgießen und kalt abspülen, um die anhaftende Stärke zu entfernen. Die Nudeln danach abtropfen lassen. Die Frühlingszwiebeln putzen, waschen und in feine Ringe schneiden.

FERTIGSTELLEN: Vier Suppenschüsseln zum Vorwärmen mit heißem Wasser ausspülen und abtrocknen. Die Udon-Nudeln auf die Schüsseln verteilen und die heiße Brühe dazugießen. Die Aburaage in Dreiecke schneiden, auf die Nudeln legen und mit den geschnittenen Frühlingszwiebeln bestreuen. Die Udon nach Belieben noch mit Shichimi Tôgarashi würzen und als eigenständiges Gericht servieren.

Für 4 Personen • 30 Min. Zubereitung • Pro Portion ca. 490 kcal, 21 g E, 4 g F, 88 g KH

KALTE SOMEN

SOMMER-REZEPT

FÜR DIE BRÜHE
80 ml Mirin
1 ½ TL Dashibrühe (Instant-granulat)
100 ml helle Sojasauce (Usukuchi)

FÜR DEN BELAG
1 Möhre
½ Salatgurke
80 g gekochter Schinken
1 Stück Ingwer (5 cm lang)
2 Frühlingszwiebeln

FÜR DIE NUDELN
400 g getrocknete Somen (dünne Weizennudeln, Asienladen)

BRÜHE: Mirin in einem kleinen Topf bei mittlerer bis starker Hitze kurz aufkochen, damit der Alkohol verfliegt. Dann 400 ml Wasser, Dashigranulat und Sojasauce einrühren. Die Brühe nochmals aufkochen und warm stellen.

BELAG: Möhre schälen und fein raspeln. Gurke waschen und längs in dünne Stifte schneiden. Schinken in schmale Streifen schneiden. Ingwer schälen und fein reiben. Frühlingszwiebeln putzen, waschen und in feine Ringe schneiden.

NUDELN: In einem großen Topf 4 l Wasser aufkochen. Somen hineingeben und unter Rühren ca. 2 Min. kochen. Die Nudeln dann in ein Sieb abgießen und die anhaftende Stärke unter fließend kaltem Wasser mit den Händen abwaschen.

FERTIGSTELLEN: Die kalten Nudeln mit etwas Wasser auf vier tiefe Teller verteilen. Das Wasser verhindert, dass sie zusammenkleben. Möhre, Gurke und Schinken jeweils als Drittel auf den Nudeln anrichten. Die geschnittenen Frühlingszwiebeln darüberstreuen und jeweils ein kleines Häufchen geriebenen Ingwer in die Mitte setzen.

Die Brühe auf vier Schälchen verteilen. Bei Tisch die Nudeln mit den Beilagen in kleinen Portionen in die warme Brühe dippen und aus dem Schälchen mit der Brühe essen. Als eigenständiges Gericht servieren.

GU CLOU

Die gekochten Nudeln werden in diesem Rezept mit kaltem Wasser abgewaschen. So haftet keine Stärke mehr an, die Nudeln können beim Servieren nicht verkleben. Im Hochsommer servieren die Japaner die Nudeln auf Eiswürfeln in einer Glasschale – für den besonderen Erfrischungseffekt.

SÜSSES & GEBÄCK

52 GEFÜLLTE KÜCHLEIN »DORAYAKI«

54 TOFU-BANANEN-MOUSSE

55 GEDÄMPFTER EIERPUDDING

56 MATCHA-SEIDENPUDDING

56 KAFFEE-GELEE

57 BANANEN-MATCHA-LATTE

57 GEDÄMPFTE AZUKIBRÖTCHEN

58 GEDÄMPFTE MISOBRÖTCHEN

59 REISKÜCHLEIN »GOHEI MOCHI«

Für 4 Personen • 1 Std. Zubereitung • 30 Min. Ruhen • Pro Portion ca. 320 kcal, 10 g E, 5 g F, 56 g KH

GEFÜLLTE KÜCHLEIN »DORAYAKI«

ZUM BRUNCH

FÜR DEN TEIG
2 Eier (M)
80 g Zucker
1 EL Honig
1 EL Mirin
130 g Mehl
1 TL Backpulver
1 TL Rapsöl

FÜR DIE FÜLLUNG
160 g Yude Azuki (gekochte Azukibohnen aus der Dose, Asienladen)

> **MEHR DARAUS MACHEN**
> Klassisch wird das typisch japanische Gebäck mit süßer Bohnenpaste gefüllt. Die Füllung lässt sich aber variieren, z. B. wenn Sie noch Bananenscheiben auf die Paste legen. Damit schmecken die Dorayaki besonders köstlich.

TEIG: Die Eier in einer Schüssel verquirlen. Zucker, Honig und Mirin unterrühren. Mehl mit Backpulver mischen und auf die Masse sieben. Mit einem Spatel locker einrühren. Den Teig bei Raumtemperatur abgedeckt ca. 30 Min. ruhen lassen. Danach 50 ml Wasser einrühren.

Eine beschichtete Pfanne hauchdünn mit ¼ TL Öl einpinseln und erhitzen. Überschüssiges Öl mit Küchenpapier entfernen. Eine kleine Kelle Teig mittig in die Pfanne geben und zu einem Kreis (ca. 10 cm ⌀) verlaufen lassen. Bei schwacher bis mittlerer Hitze ca. 4 Min. backen, bis sich an der Oberfläche Löcher bilden und der Teig fest ist. Dann wenden und von der zweiten Seite ca. 30 Sek. backen.

Das Küchlein auf einen Teller legen und mit einem feuchten Geschirrtuch abdecken. Ebenso noch sieben weitere Küchlein backen und die Pfanne nach jedem zweiten Küchlein einölen.

FÜLLUNG: Je 40 g Yude Azuki auf die kurz gebackene Seite von vier Küchlein streichen. Jeweils mit einem zweiten Küchlein bedecken und dabei die kurz gebackene Seite nach innen legen. Die Dorayaki schmecken frisch oder abgekühlt und lassen sich gut vorbereiten.

Für 4 Personen • 20 Min. Zubereitung • 2 Std. Kühlen • Pro Portion ca. 255 kcal, 5 g E, 17 g F, 21 g KH

TOFU-BANANEN-MOUSSE

EINFACH

1 Pck. gemahlene Gelatine (9 g)
100 g Seidentofu
½ Zitrone
2 Bananen
40 g Zucker
200 g Sahne

1 Die Gelatine mit 6 EL kaltem Wasser in einer kleinen Schüssel verrühren und ca. 10 Min. quellen lassen.

2 Inzwischen den Seidentofu abtropfen lassen und in einen Blitzhacker geben. Zitrone auspressen. Bananen schälen und in Stücke brechen. Zitronensaft, Bananen und Zucker zum Tofu geben und alles fein pürieren. Sahne cremig schlagen.

3 Die Schüssel mit der Gelatine in ein heißes Wasserbad stellen und die Gelatine unter Rühren auflösen. 2 EL Tofu-Bananen-Creme in die Gelatine rühren und diesen Mix zur restlichen Creme in den Blitzhacker geben. Alles verrühren, die Creme in eine große Schüssel umfüllen und die Schlagsahne mit einem Schneebesen behutsam unterheben. Die Mousse auf vier Dessertschalen verteilen und im Kühlschrank in ca. 2 Std. fest werden lassen. Danach servieren.

Für 4 Personen • 15 Min. Zubereitung • 21 Min. Dämpfen • 3 Std. Kühlen •
Pro Portion ca. 210 kcal, 6 g E, 11 g F, 21 g KH

GEDÄMPFTER EIERPUDDING

FÜR KINDER

250 ml Milch
50 g Sahne
½ Vanilleschote
1 Ei (L)
2 Eigelb (L)
40 g Zucker
4 EL Karamellsirup (Fertigprodukt, nach Belieben)

AUSSERDEM
Dämpfeinsatz mit geradem Boden
4 hitzebeständige Förmchen (150 ml Inhalt)

1 Milch und Sahne in einen kleinen Topf gießen. Die Vanilleschote aufschlitzen und das Mark herauskratzen. Schote und Mark zur Milch geben und diese bis kurz vor dem Siedepunkt erhitzen.

2 Etwas Wasser in einem Topf mit dem Dämpfeinsatz erhitzen. Ei, Eigelbe und Zucker in einer Schüssel verrühren. Die heiße Milch einrühren und die Eiermilch durch ein Sieb in eine zweite Schüssel gießen. Dann mit einer kleinen Kelle in die Förmchen füllen.

3 Die Förmchen in den Dämpfeinsatz stellen. Ein Geschirrtuch um den Topfdeckel schlagen und diesen auflegen. Den Pudding zuerst bei mittlerer Hitze ca. 1 Min., dann bei schwacher Hitze ca. 20 Min. dämpfen. Die Förmchen herausnehmen, abkühlen lassen und den Pudding ca. 3 Std. im Kühlschrank fest werden lassen. Nach Belieben mit je 1 EL Karamellsirup servieren.

SÜSSES UND GEBÄCK

*Für 4 Personen • 10 Min. Zubereitung •
10 Min. Quellen • 3 Std. Kühlen •
Pro Portion ca. 85 kcal, 6 g E, 2 g F, 10 g KH*

MATCHA-SEIDENPUDDING

EINFACH

*2 TL gemahlene Gelatine (6 g) • 500 ml Sojadrink (ersatzweise Milch) • 2 ½ EL Zucker •
2 TL Matcha-Pulver*

1 Gelatine mit 4 EL kaltem Wasser verrühren und ca. 10 Min. quellen lassen. Sojadrink und Zucker in einem Topf auf ca. 80° erhitzen. Die Gelatine zugeben und unter Rühren darin auflösen. Das Matcha-Pulver sieben und mit 2 EL heißem Sojadrink glatt rühren. Diese Mischung unter den restlichen Sojadrink rühren.

2 Die Masse ca. 1 Std. abkühlen lassen, dabei gelegentlich umrühren, damit sich das Matcha-Pulver nicht am Boden absetzt. Den Matcha-Pudding danach auf vier Gläser verteilen und im Kühlschrank in ca. 2 Std. fest werden lassen. Den Pudding gut gekühlt servieren.

*Für 4 Personen • 10 Min. Zubereitung •
10 Min. Quellen • 3 Std. Kühlen •
Pro Portion ca. 110 kcal, 5 g E, 2 g F, 18 g KH*

KAFFEE-GELEE

SOMMER-REZEPT

*1 Pck. gemahlene Gelatine (9 g) • 3 EL Zucker •
2 EL gefriergetrocknetes lösliches Kaffeepulver •
200 ml Milch (ersatzweise Sojadrink Vanille)*

1 Gelatine mit 4 EL kaltem Wasser verrühren und ca. 10 Min. quellen lassen. In einem Topf 500 ml Wasser und Zucker auf ca. 80° erhitzen (für ein festeres Gelee nur 450 ml Wasser verwenden). Die Gelatine zugeben und unter Rühren darin auflösen. Das Kaffeepulver in 2 EL Zuckerwasser auflösen und diese Mischung ins restliche Zuckerwasser rühren.

2 Eine Schale kalt ausspülen und den Kaffee hineingießen. Ca. 1 Std. abkühlen, dann im Kühlschrank in ca. 2 Std. gelieren lassen. Vom Gelee Stücke abstechen und in vier Gläsern anrichten. Mit Milch übergießen und servieren.

Für 4 Personen • 10 Min. Zubereitung •
Pro Portion ca. 210 kcal, 9 g E, 5 g F, 15 g KH

Für 4 Personen • 10 Min. Zubereitung •
6 Min. Dämpfen •
Pro Portion ca. 95 kcal, 5 g E, 0 g F, 17 g KH

BANANEN-MATCHA-LATTE 🍃

ZUM FRÜHSTÜCK

GEDÄMPFTE AZUKIBRÖTCHEN 🍃

SCHNELL

720 ml Sojadrink Banane (ersatzweise Milchdrink Banane) • 4 TL Matcha-Pulver • 80 ml Schokoladensauce (Fertigprodukt)

30 g Mehl • 15 g Reismehl • 2 Eiweiß (M) • 20 g Zucker • 80 g Yude Azuki (gekochte Azukibohnen aus der Dose, Asienladen) • Dämpfeinsatz mit geradem Boden • 4 Silikon-Muffinförmchen

1 Sojadrink in einem Topf erhitzen, aber nicht kochen lassen. Gleichzeitig in einem zweiten Topf 160 ml Wasser aufkochen und beiseitestellen. Den Sojadrink mit dem Schneebesen oder Milchaufschäumer aufschäumen.

2 Vier Gläser zum Vorwärmen heiß ausspülen und abtrocknen. Matcha-Pulver sieben, mit 4 EL Wasser glatt rühren und auf die Gläser verteilen. Mit je 40 ml heißem Wasser auffüllen und mit dem Schneebesen oder Milchaufschäumer aufschlagen. Den heißen Sojadrink zugießen und mit dem Schaum eine Krone bilden. Mit Schokoladensauce beträufeln und sofort servieren.

1 Etwas Wasser in einem Topf mit dem Dämpfeinsatz erhitzen. Beide Mehle mischen und sieben. Eiweiße steif schlagen und dabei den Zucker in zwei Portionen einrieseln lassen. Yude Azuki mit einem Schaber unterziehen. Zuletzt die Mehlmischung unterziehen und die Masse auf die Förmchen verteilen.

2 Die Förmchen in den Dämpfeinsatz stellen. Ein Geschirrtuch um den Topfdeckel schlagen und diesen auflegen. Die Brötchen bei starker Hitze ca. 6 Min. dämpfen, bis sich die Oberfläche elastisch anfühlt. Herausnehmen und auf einem Kuchengitter abkühlen lassen. Danach aus den Förmchen lösen und servieren.

Für 4 Personen • 10 Min. Zubereitung • 10 Min. Dämpfen • Pro Portion ca. 165 kcal, 5 g E, 6 g F, 23 g KH

GEDÄMPFTE MISOBRÖTCHEN

ZUM BRUNCH

½ EL Misopaste (hell oder dunkel)
80 g Mehl
½ TL Backpulver
1 Ei (M)
1 ½ EL Vollrohrzucker
1 EL Rapsöl
4 Walnusskerne (12 g)
2 TL Honig

AUSSERDEM

Dämpfeinsatz mit geradem Boden
4 Silikon-Muffinförmchen

1 Die Misopaste in 50 ml warmem Wasser auflösen. Mehl und Backpulver in einer kleinen Schüssel vermischen. Etwas Wasser in einem Topf mit dem Dämpfeinsatz erhitzen.

2 Ei trennen. Das Eiweiß schaumig schlagen und dabei den Zucker nach und nach einrieseln lassen. Zuerst das Eigelb, dann das Öl und zuletzt das aufgelöste Miso einrühren. Die Mehlmischung dazusieben und unterziehen. Die Masse auf die Förmchen verteilen.

3 Die Förmchen in den Dämpfeinsatz stellen. Ein Geschirrtuch um den Topfdeckel schlagen, diesen auflegen und die Brötchen bei starker Hitze ca. 10 Min. dämpfen. Herausnehmen und auf einem Kuchengitter etwas abkühlen lassen. Inzwischen die Nüsse fein hacken. Die Brötchen aus den Förmchen lösen, mit je ½ TL Honig bestreichen, mit den gehackten Nüssen bestreuen und servieren.

Für 4 Personen • 25 Min. Zubereitung • Pro Portion ca. 235 kcal, 4 g E, 7 g F, 36 g KH

REISKÜCHLEIN »GOHEI MOCHI«

RESTEVERWERTUNG

3 EL Sesam
450 g gekochter Sushi-Reis vom Vortag
4 Walnusskerne (12 g)
1 EL Zucker
2 TL helle Misopaste (ersatzweise 2 TL Sojasauce)
1 TL Rapsöl

AUSSERDEM
Mörser

1 Den Sesam in einer beschichteten Pfanne ohne Fett bei schwacher bis mittlerer Hitze ca. 5 Min. rösten, bis er duftet. Die Pfanne dabei gelegentlich schwenken.

2 Inzwischen den Reis in der Mikrowelle oder im Dämpftopf erwärmen. Dann in einen Gefrierbeutel füllen und mit einem Nudelholz zerdrücken. Aus der Reismasse mit angefeuchteten Händen acht Küchlein (2 cm hoch) formen. Den gerösteten Sesam im Mörser fein mahlen, Walnüsse fein hacken. Sesam, Nüsse, Zucker, Miso und 1–2 EL Wasser zu einer streichfähigen Paste verrühren.

3 Öl in einer Pfanne erhitzen und die Küchlein darin bei mittlerer bis starker Hitze in ca. 3 Min. pro Seite knusprig braten. Die Oberfläche mit der Sesampaste bestreichen, die Küchlein wenden und nochmals ca. 5 Sek. braten. Mit der bestrichenen Seite nach oben servieren und eventuell übrige Paste dazu reichen.

SÜSSES UND GEBÄCK

REGISTER

Vegetarische Rezepte, die im Buch mit einem ◊ gekennzeichnet sind, sind hier grün abgesetzt.

A

Algen
Gurkensalat mit Wakame 24
Pfannkuchen »Okonomiyaki« 18

Aubergine
Aubergine mit Miso 30
Gemüse-Tempura 16

Azukibohnen
Azukibrötchen, gedämpfte 57
Küchlein, gefüllte, »Dorayaki« 52

B

Bananen
Bananen-Matcha-Latte 57
Tofu-Bananen-Mousse 54

C/D

»Chahan«, Eier-Braten-Reis 44
»Dorayaki«, gefüllte Küchlein 52

E

Eier-Braten-Reis »Chahan« 44
Eierpudding, gedämpfter 55
Eiersuppe 31

F

Fisch
Lachs, gegrillter, mit Yuzu 15
Scholle, gekochte 14

G

Gurken
Gurkensalat mit Wakame 24
Kartoffelsalat, japanischer 22
Somen, kalte 48
Gemüsesuppe 32
Gemüse-Tempura 16
»Gohei mochi«, Reisküchlein 59
»Gyudon«, Reis mit Rindfleisch 38

H

Hackfleisch
Japan-Kroketten, »Korokke« 08
Teriyaki-Fleischbällchen 12

Hähnchen
Hähnchen »Karaage« 13
Reis mit Gemüse gekocht 43
Reis mit Huhn und Ei »Oyakodon« 36

I/J

Ingwer
Hähnchen »Karaage« 13
Schweinefleisch mit Ingwer 10
Somen, kalte 48
Teriyaki-Fleischbällchen 12

Japan-Kroketten, »Korokke« 08

K

Kaffee-Gelee 56
»Karaage«, Hähnchen 13

Kartoffeln
Japan-Kroketten, »Korokke« 08
Kartoffel-Rindfleisch-Eintopf 11
Kartoffelsalat, japanischer 22
Reis mit Curry 45
»Katsudon«, Reis mit Schnitzel 40

Kohl
Japan-Kroketten, »Korokke« 08
Pfannkuchen »Okonomiyaki« 18

Konjak
Gemüsesuppe 32
Möhren-Konjak-Salat mit Tofu 26
Reis mit Gemüse gekocht 43
Reis mit Rindfleisch »Gyudon« 38
»Korokke«, Japan-Kroketten 08
Küchlein, gefüllte, »Dorayaki« 52

L/M

Lachs, gegrillter, mit Yuzu 15
Matcha-Pulver
Bananen-Matcha-Latte 57
Matcha-Seidenpudding 56

Misopaste
Aubergine mit Miso 30
Misobrötchen, gedämpfte 58
Miso-Sesam-Dressing 25
Misosuppe mit 3 Zutaten 05
Möhren-Konjak-Salat mit Tofu 26
Reisküchlein »Gohei mochi «59
Möhrendressing 25
Möhren-Konjak-Salat mit Tofu 26

N

Nudeln
Somen, kalte 48
Reis mit Rindfleisch »Gyudon« 38
Udon mit frittiertem Tofu 47

O/P

»Okonomiyaki«, Pfannkuchen 18
Omelett, gerolltes süßes 29
»Oyakodon«, Reis mit Huhn und Ei 36
Pfannkuchen »Okonomiyaki« 18

R

Reis
Eier-Braten-Reis »Chahan« 44
Reis mit Curry 45
Reis mit Gemüse gekocht 43
Reis mit Huhn und Ei »Oyakodon« 36
Reis mit Rindfleisch »Gyudon« 38
Reis mit Schnitzel »Katsudon« 40
Reisküchlein »Gohei mochi« 59

Rettich
Gemüsesuppe 32
Gemüse-Tempura 16

Rindfleisch
Kartoffel-Rindfleisch-Eintopf 11
Reis mit Rindfleisch »Gyudon« 38

S

Schinken
Kartoffelsalat, japanischer 22
Somen, kalte 48
Scholle, gekochte 14

Schweinefleisch
Eier-Braten-Reis »Chahan« 44
Reis mit Schnitzel »Katsudon« 40
Schweinefleisch mit Ingwer 10

Sesam
Miso-Sesam-Dressing 25
Möhren-Konjak-Salat mit Tofu 26
Reisküchlein »Gohei mochi« 59
Spinat mit Sesam 24

Shiitake
Gemüse-Tempura 16

Reis mit Gemüse gekocht 43
Somen, kalte 48
Spinat mit Sesam 24
Sushi-Reis s. Reis

T

Tempura, Gemüse- 16
Teriyaki-Fleischbällchen 12

Tofu
Gemüsesuppe 32
Möhren-Konjak-Salat mit Tofu 26
Reis mit Gemüse gekocht 43
Tofu-Bananen-Mousse 54
Tofu-Sesam-Schnitzel 19
Udon mit frittiertem Tofu 47

U

Udon mit frittiertem Tofu 47

Abkürzungsverzeichnis:
E = Eiweiß
EL = Esslöffel (gestrichen)
F = Fett
kcal = Kilokalorien
KH = Kohlenhydrate
Msp. = Messerspitze
Pck. = Päckchen
TK = Tiefkühl
TL = Teelöffel (gestrichen)
Ø = Durchmesser

© 2019 GRÄFE UND UNZER VERLAG GmbH, München

Alle Rechte vorbehalten. Nachdruck, auch auszugsweise, sowie die Verbreitung durch Film, Funk, Fernsehen und Internet, durch fotomechanische Wiedergabe, Tonträger und Datenverarbeitungssysteme jeglicher Art nur mit schriftlicher Genehmigung des Verlages.

Projektleitung: Verena Kordick
Lektorat: Petra Teetz
Korrektorat: Ulrike Wagner
Innen- und Umschlaggestaltung: independent Medien-Design, München: Horst Moser (Artdirection), Lucie Heselich, Svenja Wamser
Herstellung: Petra Roth
Satz: Kösel, Krugzell
Reproduktion: Medienprinzen GmbH, München
Druck und Bindung: Firmengruppe APPL, aprinta druck, Wemding

Syndication:
www.seasons.agency
Printed in Germany

2. Auflage 2020
ISBN 978-3-8338-6876-4

www.facebook.com/gu.verlag

DIE AUTORIN

Beate Mari Jahnke ist halb Japanerin, halb Deutsche und bloggt auf https://mari-to-kazuo.blogspot.com gerne über japanisches Gebäck, aber auch über deutsche und japanische Alltagsküche. Sie arbeitet als Übersetzerin, in erster Linie für japanische Anime-Filme.

DIE FOTOGRAFIN

Julia Hoersch ist eine vielfach ausgezeichnete Fotografin. Zusammen mit **Petra Speckmann** (Foodstyling) und **Christine Mähler** (Requisite) verwandelte sie ihr Fotostudio in Hamburg in eine japanische Küche und setzte die typischen Gerichte aufs Köstlichste in Szene.

BILDNACHWEIS

Julia Hoersch: Klappe vorne außen, S. 05–59 und Stepfotos auf den Klappen
AUEN60 Photography (Julia Schärdel & Ines Häberlein): S. 01, 05 und Stillleben auf den Klappen
SPUTNIKeins Fotografie: Autorenfoto
Silvio Knezevic: Coverfoto

Umwelthinweis:
Dieses Buch ist auf PEFC-zertifiziertem Papier aus nachhaltiger Waldwirtschaft gedruckt.

LIEBE LESERINNEN UND LESER,

wir wollen Ihnen mit diesem Buch Informationen und Anregungen geben, um Ihnen das Leben zu erleichtern oder Sie zu inspirieren, Neues auszuprobieren. Wir achten bei der Erstellung unserer Bücher auf Aktualität und stellen höchste Ansprüche an Inhalt und Gestaltung. Alle Anleitungen und Rezepte werden von unseren Autoren, jeweils Experten auf ihrem Gebiet, gewissenhaft erstellt und von unseren Redakteuren/innen mit größter Sorgfalt ausgewählt und geprüft.

Haben wir Ihre Erwartungen erfüllt? Sind Sie mit diesem Buch und seinen Inhalten zufrieden? Haben Sie weitere Fragen zu diesem Thema? Wir freuen uns auf Ihre Rückmeldung, auf Lob, Kritik und Anregungen, damit wir für Sie immer besser werden können. Und wir freuen uns, wenn Sie diesen Titel weiterempfehlen, in Ihrem Freundeskreis oder online.

Sollten wir Ihre Erwartungen so gar nicht erfüllt haben, tauschen wir Ihnen Ihr Buch jederzeit gegen ein gleichwertiges zum gleichen oder ähnlichen Thema um.

KONTAKT

GRÄFE UND UNZER VERLAG
Leserservice
Postfach 86 03 13
81630 München
E-Mail: leserservice@graefe-und-unzer.de

Telefon: 0 08 00 / 72 37 33 33*
Telefax: 0 08 00 / 50 12 05 44*
Mo – Do: 9.00 – 17.00 Uhr
Fr: 9.00 – 16.00 Uhr (*gebührenfrei in D,A,CH)

APPETIT AUF MEHR?

ISBN 978-3-8338-6628-9

ISBN 978-3-8338-6620-3

ISBN 978-3-8338-6874-0

ISBN 978-3-8338-6626-5

ISBN 978-3-8338-6853-5

ISBN 978-3-8338-6625-8

 Alle hier vorgestellten Bücher sind auch als eBook erhältlich.

Mehr von GU auf www.gu.de und facebook.com/gu.verlag

DIE »GU KOCHEN PLUS«-APP

1 APP HERUNTERLADEN

Laden Sie die kostenlose »GU Kochen Plus«-App im Apple App Store oder im Google Play Store auf Ihr Smartphone. Starten Sie die App und wählen Sie Ihren Küchenratgeber aus.

2 REZEPTBILD SCANNEN

Scannen Sie das gewünschte Rezeptbild mit der Kamera Ihres Smartphones. Klicken Sie im Display die Funktion Ihrer Wahl.

3 FUNKTIONEN NUTZEN

Sammeln Sie Ihre Lieblingsrezepte. Speichern und verschicken Sie Ihre Einkaufslisten. Oder nutzen Sie den praktischen Supermarkt-Finder und den Rezept-Planer.